gatto

kissa

coniglio

jänis

cane

koira

pulcino

tipu

anatra
ankka

pecora

lammas

capra
vuohi

maiale

sika

asino

aasi

cavallo

hevonen

mucca

lehmä

topo

hiiri

pipistrello

lepakko

ape

mehiläinen

ragno

hämähäkki

volpe

kettu

cervo

peura

scoiattolo

orava

riccio

siili

gufo

pöllö

rana

sammakko

serpente
käärme

procione

pesukarhu

pappagallo

papukaija

tucano

tukaani

alligatore

alligaattori

tartaruga marina

merikilpikonna

fenicottero

flamingo

pinguino

pingviini

granchio

rapu

medusa

meduusa

foca

hylje

squalo

hai

balena

valas

orca

orca

stella marina
meritähti

rinoceronte

sarvikuono

panda

panda

scimmia

apina

leone

leijona

tigre

tiikeri

elefante

norsu

www.ingramcontent.com/pod-product-compliance
Lightning Source LLC
Chambersburg PA
CBHW042053110726
48006CB00002B/379